瞭解你九歲的孩子

朵拉·路許 著
(Dora Lush)

張德銳、徐琰 譯

三民書局

國家圖書館出版品預行編目資料

瞭解你九歲的孩子 ／ 朵拉·路許（
Dora Lush）著；張德銳，徐琰
譯.--初版.--臺北市：三民，民85
面； 公分
譯自：Understanding your 9
year old
參考書目：面
ISBN 957-14-2438-2（平裝）

1.兒童心理學

173.12   85003078

國際網路位址　http://sanmin.com.tw

ⓒ 瞭解你九歲的孩子

著作人	朵拉·路許（Dora Lush）
譯　者	張德銳　徐琰
發行人	劉振強
著作財產權人	三民書局股份有限公司
	臺北市復興北路三八六號
發行所	三民書局股份有限公司
	地　址／臺北市復興北路三八六號
	郵　撥／○○○九九九八——五號
印刷所	三民書局股份有限公司
門市部	復北店／臺北市復興北路三八六號
	重南店／臺北市重慶南路一段六十一號
初　版	中華民國八十五年九月

編　號　S 52078

基本定價　肆　元

行政院新聞局登記證局版臺業字第○二○○號

ISBN 957-14-2438-2（平裝）

ⓒ1992 The Tavistock Clinic
ⓒfor exclusive Chinese copyright by San Min
Book Co., Ltd., Taipei, Taiwan, 1996
First published in Great Britain in 1992 by
Rosendale Press Ltd
Premier House, 10 Greycoat Place
London SW1P 1SB

盧序 — 愛他・請認識他

淘氣「阿丹」上學的第一天，帶了個「阿丹塑像」及「錄音機」到教室上課。

原班老師久聞「阿丹」盛名，第一天上課就請病假，由代課老師上課。代課老師問阿丹怎麼才剛上課就「不安於室」的搬出「塑像」和「錄音機」。阿丹指著阿丹塑像說：「『他』是來代替我上課的，你瞧！他最乖了，不吵也不鬧！錄音機是用來錄音你講的課，因為我媽媽說你講的每一句話我都要記住。有了這些道具，我是不是就

可以出去玩了呢?」代課老師說:「你簡直亂來,怎麼可以找人代替上課呢?」阿丹理直氣壯的說:「可以有『代課老師』,為什麼不可以有『代課學生』呢?」

這個個案裡說明了當今教養與教育上的諸多問題,如果父母與老師瞭解孩子的發展與需求,也許「暴走族」的孩子就不會產生了。為了讓2000年的臺灣孩子有更生動活潑,以及更人性化的學習環境,上至教育部、教改會,下至民間各個團體紛紛卯足熱勁,扮起教育改革的「拼命三郎」。在參與及推動教育改革的過程中,我和一起工作的老師、父母們有快樂歡愉的經驗,但也有黯然神傷的時候,最重要的原因在於成人往往忽略孩子各個階段的發展與個別差異的需求,這也正是現今「教育鬆綁」窒礙難行之處,真愛孩子就必

須為孩子量身訂做適合孩子成長的學習環境。

　　三民書局為使父母與老師對孩子的發展能更瞭解與認識，同時對孩子的各種疑難雜症，能有「絕招」以對，將採由E. 奧斯朋(E. Osborne)主編「瞭解你的孩子」(*Understanding Your Child*)系列叢書，聘請學理與實務經驗俱豐的專家譯成中文以饗讀者。希望藉此，讓父母與教師在面對各個不同的個案時，能迎刃而解。同時在「琢磨」孩子的過程中，也能關照孩子的「本來」。

　　從初生到二十歲這一成長階段的關注與指南，在國內的出版品中仍屬少見。除了謝謝三民書局劉振強董事長及編輯同仁的智慧與愛心外，更盼你從這些「珍本」中，細體孩子追趕跑跳碰的童年，以及狂狷青少年的生理與心理上的種種變化與特徵。

愛孩子是要學習的，讓我們從認識孩子的發展與需要著手，然後真正的「因材施教」，使每個孩子健健康康、快快樂樂的成長與學習。

盧美貴

於臺北市立師範學院

民國85年8月1日

診所簡介

泰佛斯多診所(The Tavistock Clinic)，1920年成立於倫敦，以因應生活遭遇到第一次世界大戰破壞之人們的需要。今天，儘管人與時代都已改變了，但診所仍致力於瞭解人們的需要。除了協助成年人和青少年之外，目前泰佛斯多診所還擁有一個大的部門服務兒童和家庭。該部門對各年齡層的孩子有廣泛的經驗，也幫助那些對養育孩子這件挑戰性工作感到挫折的父母。他們堅決表示成人要盡早介入孩子在其成長過程中所可能

出現的不可避免的問題；並且堅信如果能防患於

未然，父母是幫助孩子解決這些問題的最佳人選。

　　因此，診所的專業人員很樂意提供這一套描

述孩子成長過程的叢書，幫助父母們認識孩子成

長過程中的煩惱，並提供建議以幫助父母思考其

子女的成長。

著者

朵拉・路許(Dora Lush)，是泰佛斯多診所兒
童與家庭部的一名兒童心理治療顧問。在此之前，
她曾獲得倫敦大學文學士榮譽學位及心理學博士
學位。起先，朵拉・路許工作於一家地方政府興
辦的兒童輔導診所，後來轉至兒童輔導培訓中心
（日後即併入泰佛斯多診所）。她曾發表許多兒
童心理治療的論文，並且在近幾年來，專門從事
於研究那些被收養或被監護的孩子對心理治療法
的反應。朵拉・路許已經結婚，並育有兩個兒子，
均已成年。

目錄

前言

　　把童年分段成幾個年齡時期似乎有點牽強，但
把年齡作為標題是再方便不過了。大人碰到小孩

時常會問他們有多大了，因為他們很清楚，年齡在孩子的童年時代是非常重要的。九歲孩子會覺得比八歲孩子大很多，可是三十九歲的成年人並不會感到和三十八歲的有什麼不同。

我們發現，孩子在童年中期的變化和幼齡期或學齡前的變化相比，並不明顯也不是那麼引人注目。但不管怎麼樣，他們的確在改變。九歲的孩子一般從八歲起開始發育，在十歲時會更蓬勃的發展。然而，值得重複的是（這套叢書的前幾本書中已提到過），孩子的正常發育範圍比較大，所以，在這本書裡，你可以瞭解到九歲孩子的某些情況，至於其他情況則可以在更小或更大孩子的書裡找到。

一個九歲的男孩或女孩有什麼特點呢？九歲是童年中期的中界點——有時被稱作童年的黃金

年齡。無疑地，九歲孩子的興趣日益廣泛，獨立性越來越強，開始更加瞭解自己、他人和整個世界，從而學到很多技能。當然，這不是整個發展全貌。有關這個年齡的樂趣與一些常見的難題，將會在這本書裡討論到。

　　每一個九歲的孩子都是過去的產物。許多因素結合起來使你的孩子成為一個獨特的個體──包括成為女孩或男孩的因素。其他因素則是來自父母的遺傳和所有的生活條件。孩子會受到他們所處的社會、種族及家庭的影響。而父母和其他成年人對九歲孩子的關懷也促進了他們在身體、情感及智力上的成長。和其他年齡的孩子一樣，九歲的孩子也要有一定的身體和心理狀況，以保證他們健康發展。然而，由於過去和將來都能夠影響到現在，因此，如果孩子和家人在他們所處的

環境裡感到相當安全，並能對未來懷有信心，那麼，這樣的孩子就會有很好的成長。

對待九歲的孩子，仍要像對待他小時候一樣，加以鼓勵和幫助，而且還應持續不斷。因為，若沒有這樣的鼓勵，很少有孩子能夠茁壯成長的。

現今，大多數的人並沒有把遺傳和環境（有時叫天性和教育）看作是相對立的因素，反而認為它們是相輔相成的。這可以從那些具有某種才能或興趣的家庭中看到。就拿音樂來說，當然，許多音樂家的家庭並沒有什麼明顯的音樂才能，但也有很多音樂家的家庭卻都是玩音樂，或鼓勵玩音樂的，音樂是他們生活環境中的一個重要部分。

九歲的吉樂汀(Geraldine)很早就是一個優秀的小提琴手了。她在學校的音樂會及兒童嘉年華會演奏過，還曾兩次在公開的音樂會上表演獨奏。

她有個姐姐，鋼琴彈得很好，但不如她突出。她們的父母是職業音樂家，父親是小提琴手，母親則是鋼琴家。他們注意到（對此一直在觀察）吉樂汀很小時，每當他們演奏，就很愛和他們在一起，並且還會跟著唱，似乎很專注於音樂。她三歲時就開始上小提琴課程，由於父母時常讚美、鼓勵她，所以她後來進入一所音樂學校。其實吉樂汀也有其他的興趣，但是音樂卻主宰著她的生活——在程度上遠超過她姐姐。她談論音樂，練琴不用人催，還愛在音樂會上表演。

也許我們會問，她為什麼會如此酷愛音樂呢？難道吉樂汀的能力來自父母的遺傳，是個音樂天才？抑或是她的父母沒有靠強迫，而是靠鼓勵和建議來引導她把音樂作為她的專業？答案很可能是兩者兼有。顯然，吉樂汀很有天賦，否則她九

歲時根本不可能把小提琴拉得這麼好。但是，她勤奮、堅持不懈的精神，獨特的個性以及渴望成功的韌性，肯定起了很大的作用。而且，雖然她的父母堅持說沒有強迫她，但她在音樂上的進步使他們感到很高興，並盡可能地幫助她。

吉樂汀在家裡常聽音樂，也喜歡音樂。她希望將來像她親愛的父親一樣成為一名小提琴家。成就似乎令她欣喜萬分，而且她和姐姐之間也有一種相互較勁的關係。

吉樂汀和她的音樂才能可以說是許多因素，如遺傳、勤奮和相宜的性格等，與環境的總和。所謂環境，包括她幸運地生在一個她的才能可以受到培養和鼓勵的家庭。

儘管每個孩子都是獨特的，但年紀差不多的孩子也有許多共同點。九歲孩子還未經歷青春期

身體發育的變化，尤其是男孩子在未來的幾年中預計也不會有太大的變化。英國和某些國家的女孩身體發育比前幾代要早，然而九歲開始來月經還是不太常見的。在這年紀，正常的發育應該是身材穩定地增高，但也可能會突然發育得很快。九歲男孩一般比女孩要高且重，正常範圍內的發育彼此相差是很大的。

孩子——尤其是小孩——從模仿中可學到很多東西：如父母的講話姿態、習氣和方式。而這些仿效行為可能是遺傳的，但仍有其他因素促使他們成長。到了九歲，你的孩子將會清楚地意識到，所有的孩子猶如大人一樣，也有不同的特性。有些特性可以衡量，但其他諸如與人相處的能力、樂於助人的品德和愛心，或許就很難清楚地界定出來。有時，你可能會覺得瞭解自己的九歲孩子

似乎很容易，有時，你又會感到迷惑，不知所措。

沒有書能提供所有的答案，但我們希望這本書將

會給你們一些點子並提出一些問題。

第一章

家庭裡的九歲孩子

做一個九歲孩子的父母

　　當了父母，就會產生各種情感和心理狀態，感覺

會從極度的幸福和滿足到渺茫的失望和絕望。養育不

同時期的孩子可以同時帶來歡樂和痛苦，但不同年紀

的孩子卻有著不同的需要和期望。因而，當父母想盡辦法要迎合家裡不同年齡孩子的身體和情感上的需要時，就會覺得很苦惱。你九歲的孩子也許對此很能理解，但可能並不滿意。

做一個九歲孩子的父母有什麼特點呢？其實，在很多時候，做九歲孩子的父母和做其他年齡孩子的父母，情況是相同的。正如每個孩子是獨特的一樣，每位父親或母親以及他或她與孩子的關係也是獨特的。父母都會以不同的方式對待每個不同的孩子，即使他們一開始都是同等對待的。然而，所有的孩子都需要關懷和瞭解。沒有一個家長是十全十美的，你的孩子到九歲時就會明白這一點。所以做父母的不必刻意去追求一些難以達到的完美標準，不過，要注意到自己的錯誤，必要時，也要向孩子認錯。大多數九歲孩子都知道大人難免也有過錯，也懂得應該有討論的餘地。但

是，父母有時必須得堅持原則，不能遷就，也不要被種種的爭吵弄得疲憊不堪，特別是常常會聽到孩子這樣說：「我的全班同學和我所有的朋友都可以……」諸如，熬夜看錄影帶，獨自逛公園，傍晚在外玩耍之類的事。孩子會很安心地知道事物有所界限，以及看到家長是思想成熟的大人。

　　孩子結交夥伴，是成長過程中脫離父母和大人支配的一種必然表現。可是，你的孩子有時會暗自感到這群夥伴的行為變得越來越過分了──他們多半是在搗蛋或者進行犯罪活動，而他或她會覺得要有足夠的勇氣才能離開這群朋友。這時，如果父母平易近人，那麼孩子就能向他們訴說所發生的一切。如果親子關係良好，孩子又肯和父母談心，事情會更容易處理的。所以，即使父母都在外工作，又有許多家務事，還是要抽點時間和自己的孩子談談心，這樣對大家都有好處

的。

　危險的行為必須要禁止。但是要講道理且態度平和，這樣比脾氣暴躁、無緣無故採取強制措施有效，否則只會引起孩子的反感。同樣，打孩子會使他們覺得暴力就是道理，而且還使他們感到：強者把痛苦強加在弱者身上是一種可以接受的行為。

　值得思考的是，究竟什麼才是父母希望成功培育出來的孩子——快樂的孩子，健康的孩子，有成就的孩子，還是幸福家庭裡快樂的孩子——也許都是。

　我們必須特別注意，不能過於簡單地把孩子們的性格貼上標籤。在家裡可能會公開或暗地裡稱這個孩子「好」、那個孩子「壞」、另外一個「笨」。這些稱呼很可能成為促使孩子自我實現的預言。每個孩子的性格是錯綜複雜的，而你給的「標籤」只會妨礙理解。孩子會在有意無意之間辜負或不辜負這種期望，然而

不管怎樣，採用這樣的作法都不利於孩子的健康發展。

　　九歲孩子在家庭裡的地位也是非常獨特的。首先，不同的家庭有不同的物質環境。顯然，放眼全世界皆是如此，甚至在已開發國家裡，家庭的社會地位和收入也是大相逕庭的。孩子可能生活在市中心、郊區、小鎮或農村；他們可能住在大房子、小房子、公寓、附帶早餐的旅館或集體宿舍裡。和他們相處的或是親生父母兩人，或只是其中一位；或是一個生父和一個繼母，一個生母和一個繼父；或只是其他親屬。他們也許是生活在一個大家庭裡，這在一些少數民族地區更是如此。孩子可能是過繼的、領養的或住在兒童養育院裡接受監護。他們可能同時和分居或離異的父母輪流生活，可能平時跟母親，週末跟父親。還有一些九歲的孩子一年中三分之二的時間是在寄宿學校裡度過的。以上只是提醒一下有可能出現各種不同的家庭環

境，而生活在其中的孩子把它們看成是很自然的。

成為家中的一分子

　　雖然傳統的小家庭據說在現今社會已不如以前重要，但它仍然是培養情感和社會關係的主要場所。孩子喜歡穩定，九歲的孩子也如此。有時，令他們的父

母大為吃驚的是，他們竟會因為搬家（即使是一種改善）而變得惴惴不安。可是，只要你把一切解釋清楚，你的九歲孩子就很可能會明白搬家的原因。無論在什麼情況下，父母都要決定好能告訴孩子多少。有時這是很簡單的事。平時，父母不會讓孩子知道太多以免有過重的負擔。當然，理解力強的孩子可能早已瞭解所發生的許多事情。九歲的孩子經常會注意到一個大人所關注或焦慮的事，所以，告訴他們事實的真相常常（並非總是）會比不實際的幻想來得好。

　　九歲的艾瑪(Emma)感到父母最近特別悶悶不樂，心裡非常擔心。他們比平時少注意關心她，而且還常常發脾氣。艾瑪以為他們就要離婚了。恰巧，她最好的一位朋友的父母剛剛分居，這朋友把有關的許多事情都告訴了她。艾瑪是個想像力豐富的孩子，她早已在考慮以後住哪裡，還想像著失去父親或母親該有多

麼痛苦，而且不知道現在住的房子會怎麼樣。傷心之餘，她大略知道可以利用自己的力量牽制他們。不過，大體而言，她還是非常難過。終於有一天，她再也忍不住了，問母親她和爸爸是否要離婚。母親深感意外和震驚。隨即，她和艾瑪的父親一起告訴艾瑪，父親失業了，但已在另外一個地方找到一份工作。所以他們得搬家，可能會住小一點的房子，而且得賣掉現在的房子，這房子是自艾瑪有記憶以來他們就居住的地方。另外，艾瑪還得到一所新學校唸書。此刻，艾瑪終於知道大人的憂慮，雖然她仍有點煩亂，但已放心多了。她很高興，父母在她心中又重新結合在一起，同時，又有點遺憾，不能再幻想將來會和其中一位生活，並從另一位那裡得到一些禮物以及外出旅遊的機會。因為她最好的朋友就是這樣生活的。但艾瑪最高興的是父母依然相愛。儘管她知道她會想念住過的老房子和

以前學校裡的朋友，但一想到即將來到的變化，她還是忍不住很興奮。既然她知道父母不會分離，她也就覺得沒有什麼好擔心了。

成為家庭的一分子是指學會瞭解他人以及與他人相處。一個九歲孩子對家裡不同成員的能力、弱點、性格和所扮演的角色很可能會知道得很多。

每個孩子在家裡都有一個特殊的地位。一個單身母親和一個孩子確實組成一個家，但遠遠不同於由很多人組成的家庭。只隔二歲的兩姐妹似乎有著很相似的環境，但這種環境並不完全一樣。姐姐維拉麗(Valerie)九歲時，妹妹西維亞(Sylvia)七歲。西維亞九歲時，維拉麗就十一歲了，她可以告訴妹妹，九歲應該是什麼樣子的。不過，她卻沒有一個比自己大的姐姐能這樣告訴自己。西維亞九歲時所處的環境不同於維拉麗九歲時的環境。西維亞九歲時，她的父母早已

有了養育九歲孩子的經驗，這種經驗會影響他們，縱然他們意識到維拉麗和西維亞是不一樣的。

　　有時，兄弟姐妹之間相處得很好，有時又會很不好，父母必須盡可能解決並平息這類情況。在許多家庭，「這不公平」的呼喊是一種提醒。例如，九歲的比利(Billy)抱怨道，六歲的萊尼(Lenny)被允許做很多事，而他六歲時卻沒有，比如萊尼可以很晚吃飯，還可在晚上看電視。比利的抱怨使父母感到為難，因為其中大部分相當有道理的。比利六歲時，他們是把他和三歲的萊尼一起當作小孩子對待，而現在他們兩個卻被一起當作九歲孩子來看。後來，比利的父母適當地作了一些處理，同時也作了一些更改：如上床時間、零用錢的多少、自由的限度等。結果，兩人對此或多或少有點滿意。雖然比利嫉妒萊尼和他母親的關係，羨慕他那種小男孩的可愛，不過他倆還是挺有感情的。

只要比利的地位得到承認，他就會是一個好哥哥。至於萊尼是否容易接受這一點，那是另外一回事。

　　一些有兄弟姐妹的孩子羨慕那些獨生子女。獨生子女是父母情感的焦點——愛、恨、快樂、憤怒、希望、失望和雄心。只要父母能認清楚他們期望的力量，而且他們的關係不排斥孩子，那麼就會是一件很愉快的事，雖然要這樣做可能有點困難。事實上，大部分獨生子女的父母，都會特別努力讓自己的孩子有機會和其他孩子接觸。

　　一個叫派區克 (Patrick) 的獨生子和他母親的情況是一個令人擔憂的例子。他已經九歲，三年前父親離家，從此杳無音訊。此事很少被提到。但談起諸如派區克在家裡應負的責任時，母子倆都會大聲嚷嚷。他母親在外兼差工作，經常會很累，精神緊繃又焦慮。平時都是小派區克已經放學回家了，他母親才剛剛進屋

子。每次他想倒在沙發上看電視或玩電動遊戲時，母親就會吼著叫他幫忙。她想叫他擺桌子、倒垃圾、幫忙洗碗盤，而且經常要他整理自己的房間。對此，派區克一概不從。這樣雙方便互相抱怨了起來。很可能雙方都在固守自己的角色，都受到那些與幫忙做家事不直接有關的情感所影響。母親把派區克看作是她那個沒用又拋妻別子的丈夫，且並未完全意識到這種情感的力量。而派區克喜歡跟父親在一起做事，儘管時間不長，他也沒意識到這一點，但他寧願為父親的離開而責備母親。只有等到他倆都明白在他們痛苦、狂怒的感情和行為背後所隱藏的原因時，他們才有可能解決派區克幫忙做家事的問題。在許多其他家庭裡，倘若作點解釋，公平地想出一個合理的計劃，那樣做，就會比上面那種處理方式更容易讓人接受。目前，性別的角色不如以前那麼明顯，男孩常常也被要求和女孩

一樣幫忙做家事。

　　不同的民族也有不同的家庭模式。例如，九歲的小女孩古爾蜜特(Gurmit)和家人住在倫敦，她的祖父母是印度人，她的父母雖出生於英國，但仍保留著許多印度的習俗。一家三代住在一起，周圍還住著其他的親戚。

　　古爾蜜特的母親在外工作，因而她和祖母感情特別親密。祖母很寵她，她想（可能確實如此），她是祖母最喜歡的孫女。這可不是一般的祖母和孫女的關係，看似祖母很關心古爾蜜特，其實兩人從中都有所得。自然，她的母親有時就會感覺有點嫉妒，但並不嚴重。像其他九歲孩子一樣，古爾蜜特愈來愈懂得家裡大人的性格和他們彼此間的關係。她十分有興趣地（有時帶有一種複雜的感情）觀察著她的父母如何扮演在他們自己的父母面前孩子的角色。她的表兄妹常和她作伴，

而且感情很好，但當然有時也會發怒、嫉妒和羨慕。不管怎樣，在學校裡或在其他情況下，如果其中一人挨打，被欺負，或是受了批評，其他人還是會衝上前去保護他或她。

一些孩子幾乎可算是早熟，他們用一種很負責的方式負擔起照顧兄弟姐妹的任務。有時這可能是由於家庭的一些情況，如父母生病了，但有時主要是由於孩子的個性。其他孩子可能太小孩子氣，還不能做到父母所期望的九歲孩子應該做的事。

舉個例子，費(Fay)九歲時很害羞，在學校裡很少跟老師或同學講話，常常表現得好像還只有五歲。她父親已好幾年不在家了，但母親卻是一個生性開朗、外向的人，喜歡與人交往。費並不反對上學，但在那兒卻很少和其他孩子來往。假如他們和她玩，就會把她當作一個洋娃娃。她學習能力還不錯，可是只要老師

一提問題，以此鼓勵她參與課內活動，費就悶不吭聲了，而且其他孩子經常會替她回答。學校方面試著找出問題的癥結。費在那所學校上學只有一年，而他們也不太瞭解她的母親。原來，費的母親是一個很有愛心、十分體貼人的女人，她在自己家裡替人照顧幾個小孩。因此，很有可能費也被當作小孩對待了。費並非故意不和別人說話，其實她早已告訴過母親，她想和別的孩子玩。後來，老師和費的母親合作得很好，她母親盡量多關照她，鼓勵她參加較符合九歲孩子興趣的活動。費怕羞的行為幾天之內雖沒什麼變化，可是由於在家裡受到特別的留意，在學校裡也受到更直接的鼓勵，不久她就開始明顯轉變了。不到一個學期，她看起來更像其他九歲的孩子，似乎也很愉快。

在英國，由於家庭模式的變化，有很多孩子是和同父異母或同母異父的兄弟姐妹在一起，或是與繼父

母的孩子（無血緣關係）住在一塊。市面上已經有許多關於這些家庭的書；一般家庭裡的愛、恨、憤怒、競爭和感情的維繫，在這些關係較為複雜的家庭，就變得更加錯綜難解了。一個九歲的孩子也許會痛恨他的繼父或繼母，而他的繼父或繼母也會感到他無論做什麼事都不對。一個孩子很容易認為親生父母完全是好的，而繼父母完全是壞的，但事情並不總是如此。許多因素影響著這種情況，諸如親生父母是否還活著，他們是否還和孩子保持聯繫，他們是否還相愛，互不關心或相互誹謗；他們是否生活如意、不幸福或怨恨不已。通常，孩子都希望他們的親生父母更像父母的樣子，而不要像是朋友或大哥哥大姐姐，不過有時，繼父母和孩子卻可以用這種關係相處得更為自在。倘若孩子對此覺得很緊張，要是能跟家庭以外的人聊聊，他們或許會感到寬慰一些。許多九歲的孩子有很好的語

言表達能力，也可以跟學校的輔導老師、兒童心理治療醫生、社會工作者或兒童心理學家談談他們的恐懼、幻想以及複雜的感情，並從中得到幫助。

父母分居時

今天，那些父母離婚或分居的孩子大都認識一些

其他也處於同樣情況的孩子，這可能可以提供一點安慰。有時，如果父母衝突很大，那麼家庭破裂是一種解脫，若處理得當，大家都可以輕鬆一點。當然，要是因為虐待或性虐待而導致家庭破裂，那麼孩子可能還會很高興。

在九歲的露西(Lucy)身上可以看到一些因為父母離婚而引起的感情衝突。她九歲那年，父母分居了。她是獨生女，幾年來她父母相處一直都很糟。為了露西的緣故，兩人雖都有婚外情，但還是維持著這個婚姻。露西因此而受到影響，變成了一個性格膽怯、孤獨的孩子，雖然在學校裡表現不錯，但還是缺乏信心。她的父母試圖很平和地透露他們分居的消息，但露西還是很震驚，雖然她早就知道父母已吵了好幾年。睡覺時，她常常把被子蓋在頭上，怕人聽到她的哭聲。儘管她對父母離婚的孩子的生活有所瞭解，露西仍很擔

心她的將來及日後該住哪兒。因為害怕會被送走，她有一陣子感到恐慌，可是仍鎮靜地聽父母說話。他們向她解釋說，兩人都很愛她；她可以跟母親住，還可以和父親度過許多週末。他們彼此會住得很近，但得把原來的房子賣掉，買兩間小一點的房子。她也不必轉學。露西的心情很複雜，既傷心又困惑；她想知道她是否還能見到祖父母，家裡的小寵物該怎麼辦。她也想知道父母的離異是否是她的過錯。雖算不上頑皮，她還是怪自己沒有照父母的要求去做。露西向她可愛的小貓訴說自己的害怕時，被她的母親聽見了，也許她是故意想讓她母親聽到。後來父母一起和露西談心，消除了她的恐懼。看到父母相處較好，她受到了鼓舞。而在那次談話後，她開心多了，大致上來說又恢復了信心。學校裡的老師很支持她。後來她碰到班上另一個女孩，這位女孩的父母也離婚了，所以，這時她的

心情就更開朗。她們一起談心，成了好朋友。當露西和父親住在一起時，她的朋友也經常來探望她。

　　這裡所講的孩子大部分都是和親生父母住在一起，但也有很多孩子是跟沒有血緣關係的家庭住在一起，他們或是過繼的，或是領養的。還有一些孩子住在兒童養育院受監護，他們中大部分人都渴望有個家。目前，有幾種不同的過繼方式：有的過繼給親戚，由於過繼得遲，九歲的孩子可能會感覺這個家庭很陌生；有的過繼後，還繼續和親生父母保持聯繫。一般來說，過繼後，過繼的孩子和親生父母及繼父母可能都會很快樂，很滿足。但有時候，孩子可能會因為沒有歸屬感而很傷心、痛苦。如今，甚至連很早就過繼的孩子也會被告知實情，所以一個九歲的孩子，不大可能不知道自己是過繼來的。儘管小孩天生好奇，會有許多無可避諱的問題，但進行討論還是有效的。有時，養

父母可能會吃驚地發現，一個孩子竟會有一種被遺棄的感覺，即使他們解釋過他的生母當時實在無法撫養自己的嬰孩。通常，對此最好的方法就是讓孩子知道養父母是十分需要他們、愛護他們的。

家裡有新生兒誕生時

對一個沒有弟妹的九歲孩子來說，家裡突然又出現一個新寶寶，是很不尋常的。然而，有時這種事情確會發生。下面就是苔爾瑪(Thelma)所作出的反應。她九歲，學校裡成績很好，似乎很快樂也很受大家的喜愛。後來，有幾個月的時間，正如她班上老師描述的那樣，她像是「崩潰」了似的。對她的作業稍稍批評或給點意見，她就會流淚，而且再也看不到她以前

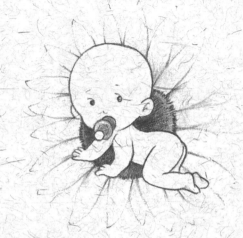

有的那種才能和活力。一天，苔爾瑪突然跟她的老師說：「我的母親生了一個男孩。」老師有點吃驚的說：「你是指一個寶寶。」苔爾瑪說：「是的，一個男孩。」現在，苔爾瑪似乎不是那麼痛苦了，但還是很緊張不安。班上的一位男孩在上課時說話，她就狠狠地拍了他一下。不過，不久她開始慢慢恢復原來的她。老師也不再為她擔心。很明顯，在她弟弟就要出生和出生以後的幾個星期裡，她還沒有準備好要做一個大姐姐、

而且再也不是獨生女了。她可能不知道父母為什麼還要一個孩子——難道是他們不再重視她，轉而比較喜歡男孩子？合理和荒謬的想法時常交織在一起。也許她還想瞭解父母的性生活。她知道嬰孩是從哪裡來的，但卻沒有把這些行為和她的父母聯結在一起。

　　和她的老師談了幾次話後，苔爾瑪重又恢復正常。她的老師很瞭解她，並設法抽出時間和她談心。這時，苔爾瑪才得以找回一個九歲孩子在家庭裡的地位——依然得到愛護和重視，儘管還有一個新生寶寶需要更多的照顧。

疾病侵襲家庭

　　家裡有人生重病，大家都會精疲力盡。例如，有

這麼一個五口之家，一對父母和三個小孩：十二歲的珍妮 (Jennie)，九歲的葛雷恩 (Graham) 和六歲的威廉 (William)。威廉得了一種危及生命的慢性病，身體已半殘廢，但腦子仍很聰明，他需要經常性的照顧和物理治療，而另外兩個孩子很健康。其中，葛雷恩特別難受。威廉出生時，他才三歲，就已經有嫉妒心，不過同時希望威廉將來很快成為自己的一個玩伴。他早就覺得，姐姐珍妮比較喜歡找她的朋友玩。威廉出生後就被查出有病，從此父母開始辛苦地照顧他。他們盡力不忽視其他孩子，可是葛雷恩的生活還是變了。威廉住院期間，母親就陪著他。雖然也安排了人照顧珍妮和葛雷恩，但這和母親在身邊照料是不同的。九歲的葛雷恩的心情很複雜，比小時候的感覺更強烈。他愛威廉，是一個非常好的哥哥。威廉病情較好時，葛雷恩就陪他玩，兩人都玩得很開心。他也為威廉感到

遺憾，渴望他的痛苦能消除，癱瘓能治好，這樣就可以和其他男孩子一樣了。可是葛雷恩很敏感，他也有一些令人不舒服的想法——假若威廉死掉的話，大家就可以活得輕鬆多了；他還為自己的身體那麼健康而感到有點內疚。幸運的是，他能把這些想法告訴學校的輔導老師。這位輔導老師早就注意到葛雷恩似乎想太多了。一旦懂得這些想法並不壞，而且也不會消除他想要威廉活下去的善良的想法，葛雷恩心裡就舒暢多了。自然，他仍會不時痛苦地想到：「為什麼家裡會發生這種事呢？」

死亡降臨家庭

家裡有人死去時，大家經常會問同樣的問題：為

什麼會這樣? 幸虧在英國，一個九歲的孩子碰到父母親死亡的情形並不多見，但看到祖父母去世倒是很平常的。孩子往往和祖父母關係不錯，所以勢必要經歷一段時間的悲傷，才能面對祖父母已死亡的事實。這經常是他們第一次面對有親人死亡。有時，因為失去自己的父母，孩子的父母也悲傷不已，無暇顧及他們的小孩，那麼，這時情形就更加難受了。

　　獨生女席拉(Sheila)九歲時，她的外婆死了。她和

外婆關係很好，就像母女一般。外婆常給她禮物，還抽空陪她。席拉的外公在她出生前就過世了。外婆死於突發性心臟病，在這之前，手腳一直很靈活。席拉得知外婆的死訊後非常震驚，百感交集。起先，她不相信。她母親說外婆進天堂了，不過這難以令人信服，因為席拉自己也沒有把握該不該相信。經過一番考慮後，她父母同意席拉的要求讓她去參加葬禮。席拉又想去又害怕，因為以前從未參加過葬禮，甚至也不知道自己害怕什麼。

葬禮上除了每個人都哭以外，並沒有什麼令人覺得太痛苦難忘的事。可是後來席拉覺得孤獨和淒涼，甚至怨恨外婆離她而去。她還生她母親的氣，問她為什麼讓外婆死掉。實際上，她母親和外婆不大合得來，有時她們還為爭奪席拉的愛而彼此較勁。席拉比較喜歡和外婆在一起，因為外婆不像母親，老是要監督她寫

功課。可是席拉只有九歲，並不能完全瞭解清楚整個情況。其實她的母親未曾要離間外婆和席拉的關係，如今她本人也慶幸當初沒有這樣做。

不久，席拉就注意到母親很難過，也不怎麼生她的氣了。現在席拉責怪自己沒有為外婆做一點事，可是和母親談一談後便感覺好多了。悲傷持續了一段時間，但席拉又重新建立起她自己的生活，她和母親的關係不知不覺也改善了。一天，席拉說：「人是不會真的死掉的，如果仍有人記住他的話。所以我也會永遠把外婆記在心底。」 這對她母親來說是一個莫大的安慰。

父親對席拉和自己妻子來說是很有幫助的。他比妻子更願意與席拉談心，並回答有關生與死的問題。席拉要了幾張外婆的照片，並集合成一本小相簿。後來，她不太浸淫在這樣悲痛中，也不再因為外婆的死而責

備自己。

　　宗教信仰對家庭來說可能有些幫助。但是無論信教與否，許多九歲的孩子對死亡或臨近死亡都會很好奇，即使家裡最近並沒有人去世。

　　家庭對九歲的孩子來說是非常重要的；它猶如一個安全的基地,從那裡朝向更成熟和獨立的目標邁進。

第二章

培養孩子的
獨立意識、
廣博的興趣及
高度的理解力

如何鼓勵適當的獨立性

　　童年就像一條從完全依賴他人走向獨立的通道。

這在你九歲孩子身上可以很明顯看出來。這個年齡的

孩子常常喜歡那些有關一群孩子歷險的故事。這些孩

子逃避大人的管制，一起出去冒險，自謀生路。這些故事書表達了孩子嚮往獨立的願望和需要。雖然書中的孩子遭遇了許多危險，但他們最終克服一切，安全地回到大人的身邊。

現實生活裡，要冒險也許會蠻複雜的。托比(Toby)和他的兩個朋友契斯(Keith)和提姆(Tim)都是九歲，想在他們住的村子附近露營。可是他們的父母不允許。暗地裡，托比內心還感到鬆了一口氣。在和所有的父母商量後，大家同意他們可以露營，但必須就在托比家的花園裡。每個人似乎都喜歡這個解決辦法。可是就在露營的前一天，下了一場很大的雷雨，第二天雨還下著，園子裡一片汪洋。後來又進行了一番討論，大人們知道孩子很失望，可以看出他們得知露營必須延後一週的消息時，非常難過。托比的父親想出一個主意：孩子可不可以在溫室裡「露營」？那地方夠大，雖

不能搭帳篷，但還可用睡袋。孩子們對這個計劃很滿意，而且進行得很順利。男孩們準備了一些食物，甚至把家裡貯存的食品全部一掃而光，可是當契斯提議要升起一堆營火，其他兩個孩子就立刻反對。這次露營活動，大家都假裝是在外面的荒野地上進行的。

這個故事說明了幾點。大人的立場始終是堅定的，但聽取了男孩的意見，並且支持他們。孩子也聽從大人在溫室裡露營的主意。他們明白地表示出想要獨立、冒險和刺激的願望，不過也知道浸透了水的花園裡是不能露營睡覺的。這個故事還說明，許多孩子發覺等待辦一次娛樂活動竟然是那麼困難。而契斯提出明知會被禁止的建議——要升營火，心裡也是有所準備的。所以，一聽到其他兩人拒絕，契斯便很快接受了。男孩們想像著他們真的是在荒野地裡露營，盡情地玩耍，每個人似乎對結果都挺滿意。

在估算當地情況和危險程度時，父母得把握獨立的分寸。回憶往事時，大人們常說小時候，他們在各城市間旅行的機會要比現在的孩子多得多。也許確實如此，但是現在大人得判斷什麼是合理可許的。當然，你得為你的孩子作一些準備，給他們警告。正如不只是學習交通規則，練習穿越馬路更是重要。在解釋不要跟陌生人走時，要考慮到孩子對「陌生人」這個定義的理解。一份調查報告最近發現，許多孩子認為女人或穿制服的人都不會是「陌生人」。大部分九歲孩子還是有點懂事的，他們知道該做什麼，但也很健忘，做事衝動，如追逐一個朋友，就看也不看跑過馬路。有另外一個孩子作陪也許可以放心一點，但兩個人一起有時比一個人可能更危險或更迷糊。九歲孩子獨立的能力是不同的；一些孩子要受鼓勵而變得更為獨立，而另外一些孩子提出不適當的戶外活動時，就得加以

限制。

例如，九歲的馬庫斯(Marcus)認為，他應該可以一個人或跟個朋友在鎮上到處騎車，然後騎到附近的郊外去轉轉。他騎車的技術不錯，很熟悉鎮裡的地形，但他很衝動，且常常不按事先想好的計劃行事。他懂得看時間，但若是和朋友一起玩的話，那就不大會按時回家。馬庫斯的父母漸漸對他有點不耐煩，常對他吼叫，至於為什麼禁止他做某些事情，也沒能說出充分的理由。因此，馬庫斯就常跑去找朋友，實際上不算是離家出走。就在他和朋友計劃下星期六出去時，他和父母各做了點讓步。他的父母說，如果馬庫斯答應會小心點，他和朋友就可以騎車到附近的公園玩，並且中午在那裡野餐。這樣聽起來倒是很合理的，可是實際上他做的卻不是很好。馬庫斯並沒有在約定的三點鐘回家。他的父母十分擔心，還急著想要去警察局

報案。他回來時已經五點，這時父母正在自責，不過，大部分還是責怪馬庫斯。可能馬庫斯和他的父母誰也沒有真的期待他會遵守計劃，也許他們只是懶得再爭論。

有些九歲的孩子，卻是連一個人到當地商店去都要苦口婆心的說服他們。如果孩子特別害怕獨自外出，那就需要斟酌了。這還得考慮父母自己的憂慮和怪念頭，這些應該與孩子的恐懼分開來看。一些父母其實不太願意自己的孩子獨立性強一點，雖然他們完全沒有意識到這一點。其他父母則可能希望自己的孩子更獨立一點，但是也許自己童年時曾有過一些創傷，並一直被焦慮所困擾，因而影響了他們的判斷。

當然，除了孩子要求獨立外，有時還有其他因素。就像十歲的保羅(Paul)說：「二個月前，我第一次被允許一個人到學校去時，我高興極了，也很驕傲。現在

卻覺得這很無聊，還不如和往常一樣跟爸爸一起坐車去。」

「無聊」是一個孩子用來描述幾乎所有不好的事的形容詞。在其他時候，保羅是不是能得到爸爸足夠的關心呢？開車到學校只是幾分鐘的時間，但這卻是保羅和父親唯一可以獨處的時段。保羅並未提到害怕什麼東西，比如上學路上是否受人欺侮？也許保羅——像許多大人一樣——只是喜歡坐車而不願步行罷了。如果保羅和他的父母能聊一聊的話，就不難找出真正的答案。

獨立性增強當然不僅僅只是能獨自一人外出而已。它還意味著能夠對自己負起更多的責任，這也是自我意識增長的一部分，此時，你的孩子正在慢慢地發展與家庭、同儕及社會之間的關係。一些九歲的孩子看起來就很有條理，也很有責任心，他們能夠記住

哪天游泳、哪天帶資料到學校、為出遊保管錢、傳遞學校和家庭之間的消息。一些孩子從未丟過一件衣服或其他個人物品。這一切聽起來是很理想，但許多九歲孩子並不都是這樣的。另一個極端的情形是，他們看起來似乎更像五歲，需要別人——通常是母親——去幫助他們記住該拿什麼東西以及當天發生了什麼事情。但對那些較有能力的孩子，父母也必須保持大人的樣子，甚至在鼓勵孩子獨立的時候也是如此。否則，能力太強的孩子在真正需要幫助的時候，會很苦惱而不願求助。

所以要鼓勵九歲的孩子，讓他們發揮自己的能力，也要讓他們瞭解：他們還未長大到足以單獨處理某些事情。他們不再是幼小的孩子，但在知識上、技能上或理解自我和別人的能力上又不是大人。孩子的周圍有大人可以幫忙，就會有一種安全感，如果需要，他

們可以隨時得到幫助。遺憾的是，這種安全感並不一定能使他們分清哪些人是有幫助，哪些人是沒有幫助的。許多父母只許他們的九歲孩子在某些事情上有更多的自由，比如選擇衣服、書和玩具。孩子可能會出差錯，但如果太過分的話父母可以加以干涉。

　　雪莉(Shirley)九歲時就已懂事了，曉得家庭裡的開支狀況，什麼東西支付得起，而她的朋友艾立克(Eric)卻似乎對此沒有什麼概念。雪莉可能過於擔心，常常顯得很早熟，艾立克卻一點也不像這樣。他似乎覺得大人有著用不完的錢，如果不給他錢，那真是太可惡啦！在這情形下，就得用不同的方式去鼓勵和幫助雪莉和艾立克。他們住得很近，常在一塊兒玩，或許人們以為他們可以互相學習。但實際上並不是這樣，因為兩個人情感方面的性格相差甚遠。他們可以一起下棋，甚至一起製作一個村莊的模型，但雪莉要是想

跟艾立克談談自己的憂慮時，他們就沒有什麼共同語言。雪莉擔心她家的開支狀況。她對在家裡無意中聽到的事能夠理解，並把父母告訴她的一點點事恣意地幻想。部分的她聽起來很合理，因為她談到要節省，不過接著她就極其操心。艾立克似乎真的不知道她在講什麼。對他來說，唯一感興趣的就是能否得到新的電腦遊戲，即使他父親認為太貴了（這一點他自己深不以為然）。孩子對錢的理解大相逕庭，這是大部分九歲的孩子會有的現象，對此父母要幫助他們。

擴大興趣面

九歲孩子的興趣範圍正日益廣闊，即使不在某一個特定的領域裡特別有天賦，大部分孩子還是對很多

事情都有興趣，包括自然、科學（尤其是那些講事物是怎麼運轉的）、電腦和藝術──繪畫、塑像、音樂和舞蹈。而最令他們感興趣的是遊戲和各種體育活動。九歲孩子也有可能會對歷史著迷。若學校方面對這些興趣潑冷水而不是鼓勵發展的話，那是可悲的。

　　在英國的公立和私立教育制度裡，九歲的孩子不會經常轉校，也用不著參加考試或國家統一課程測試。這時，應該讓你的九歲孩子繼續增進基本技能，也要

培養其他各方面的素質。除了體育，所有的孩子也應該有機會參加音樂、戲劇和藝術活動。這些活動大部分應在學校裡進行，但也可以在校外作為補充。最好能提供各種機會給孩子，但千萬不要過度。

孩子對閒暇時間的支配可能會引起一些衝突。父母必須衡量他們的九歲孩子吸收新思想和獲得知識的能力有多少。但若是孩子不在做一些積極或有建設性的事情，父母就會感到苦惱。放學後，孩子常會感到很累，而且多數的九歲孩子愛看電視節目或卡通影片，不過只要這不是唯一的休息活動，就沒什麼關係。但有人可能會對明顯是兒童不宜的卡通或電視節目有所爭議。如果父母這時堅持原則，孩子可能會從那些節目中解脫出來，因為一些暴力或色情的內容很可能是非常嚇人的。偶爾也有人爭論，說孩子本身就是充滿想像力，所以不會有什麼害處。但不管怎樣，將這些

奇異的怪幻想強加在電視上播出，把它們變得似乎更真實，從而混淆了現實和虛幻，似乎也是向孩子說明：這是成人世界裡受歡迎的一部分。

可以跟多數孩子講道理，規定看電視的內容和數量。不過，你的九歲孩子可能馬上就會指出，你自己看多少電視，為什麼就硬要限制他們只能看一個小時。一些肥皂劇之類的節目並不是為九歲的孩子製作的，可是，很多男孩和女孩都很喜歡看。這些節目看來沒有什麼害處，甚至還能幫助孩子瞭解人際關係，但父母必須常準備討論有關節目內容的話題。

閱讀對許多孩子來說是很重要的，它不像有時人們所料想的，會被電視和錄放影機所替代。在你九歲孩子的生活裡，還是常有機會閱讀、看電視和錄影帶的，但讀書現在可能需要父母更多的鼓勵，以便使它變成一件很愉快、值得去做的事情。

　　九歲的男孩和女孩有許多共同的興趣，包括理想主義者的願望：幫助保護我們星球上面臨危險的物種或其他東西，如熱帶雨林或鯨魚。他們也常想幫助那些飽受痛苦的人：如戰爭、饑荒、地震或其他災難的受害者。老師們對此很瞭解，並常鼓勵這種樂於伸出援手的願望，而且你的九歲孩子還可以參加許多校內外組織的基金籌措活動。

　　在培養孩子的興趣方面，父母扮演著很重要的角色。你不必假裝什麼都懂，但可以幫助你的九歲孩子找出答案。孩子慢慢地也知道一些問題是不太容易回答的，而有些也許根本就無法回答，例如，為什麼會有戰爭？既然還有剩餘食物，為什麼還有人挨餓？電視節目上提出了這些問題，可能會給予一些回答，但同時又會引起其他問題。你的九歲孩子體會到：父母——和真正掌握實權的人——沒有必要回答所有的問題。

對人的興趣

　　九歲孩子的洞察力可能很強，不但瞭解自己和他人的性格，而且還瞭解人們之間的關係。當事情很糟時，他們會很成熟且富有同情心，雖然並不一定經常這樣。無論男孩、女孩，最後都會跟他們的朋友談起別的孩子、老師或其他大人。他們對大人的判斷可能很準確，比如說一個老師：「她今天很累，情緒不好」，也或許他們的判斷很奇異，但這種興趣和觀察力有助於孩子對世界的理解。九歲的男孩和女孩正試圖瞭解團體和個人。男孩子想搞清楚女孩子有什麼特點，反之亦然。他們對組成這個社會的不同民族也表示關心

和興趣。現在你的九歲孩子會比以前更加明白，作為一個不同種族的一員意味著什麼，即有不同的風俗習慣、不同的家族，可能家裡還要說另外一種語言，可能也會被他人看作是少數民族的一員。

雖然孩子會觀察他人，可是常常會出現不善之舉。他們會取笑身體或個性上有缺陷的孩子，但也有真正關心他人的時候。有時這種關心過了頭，他們就會對根本跟他們沒關係的過錯內疚不已。諸如跟九歲孩子談一些家庭開支狀況、人際關係、父母分居、離婚、有人生重病或死亡（甚至根本不是什麼親屬死了），都會引起他們的擔憂，而且往往會引發進一步的問題。父母得判斷一下，他們究竟懂多少，他們還應該懂多少。不要因為九歲孩子能夠坦率地講出對電視連續劇中出現的家庭問題的看法，就以為他們能夠很輕鬆地面對自己家裡出現的同樣情況。其實有很多時候大人也是

這樣。

　　九歲的孩子對抽象概念，尤其是和正義有關的概念，愈來愈感興趣。現在他們超越了只會叫嚷著「這不公平」，他們可能開始以成人的方式去提問、去思考。

對性的好奇

在童年的這個時期，比起更小的時候或將來再大一點時，孩子對性和人際關係的興趣，儘管不太明顯，但還是存在的。比起二、三十年前，人們對性的興趣似乎更明顯，因為如今報紙、雜誌和電視上更為公開地談論性事。當然，有責任感的父母要設法保證九歲孩子不看所謂的「成人電影」。但是，周圍還有很多東西是與性有關的。即使現在的孩子看起來好像很有性知識，其實他們懂得的不一定和他們說的一樣多。不要因為孩子開玩笑說什麼男人和女人做愛、寶寶是怎麼生出來的、或者避孕器之類的話，就認為他們肯定對此知道得很多。有時候，男孩和女孩很難把純屬玩笑的事情和帶有性愛關係的概念連在一起。即使以後他們在學校（一般是在國中而不是小學）要上健康教育課，父母還是要起很重要的作用。孩子在操場上玩的時候，往往會從其他孩子那裡獲得許多半真半假和

虛構的東西。這時，父母就得營造一種氣氛，讓孩子提問題、尋求知識、討論疑難或令人憂慮的問題。顯然這一切應該在九歲前就開始進行了，只是孩子不一定在那時就能全盤吸收。

　　當然，還有許多難題。許多孩子覺得很難相信爸爸和媽媽會「那樣」做。父母不必隱瞞肉體上的需要，但應盡量不使自己的孩子難堪。無論如何，孩子只有藉著體會到他們的父母和其他大人一樣——都有性愛，才能把學到的有關性的知識與愛情聯結在一起。顯然，一些孩子可能根本就沒有注意到他們班級裡不同性別的同學。然而，男孩和女孩天天相處在一起，可以幫助他們長大後彼此更容易瞭解。

　　所以，九歲的孩子會自然產生對性關係和他們自己身體的種種想法和怪念頭。這是指那些或多或少過著正常生活的孩子。而那些曾經受到性虐待的孩子常

常被性所困擾著，可能會變得在相當明顯的性遊戲中具有強迫性。這些孩子有時極力把其他孩子拖進他們的遊戲裡，並可能會對其他年紀小的孩子進行性騷擾。這些曾經受傷的孩子就特別需要專業性的輔導。

別看九歲孩子談話時顯得很懂的樣子，其實還是會有焦慮不安的時候。孩子都擔心且又難以啟齒的一個問題就是：他或她會不會成為一個真正的男人或女人。這個問題在青少年常常更為明顯，可是九歲的孩子確實會有這樣的擔心。有時，孩子懵懵懂懂地談論著同性戀，雖然輕鬆、隨便地在操場上聊著，可是卻會增加憂慮。多數情況下，這種擔心沒有什麼害處，但也有些孩子卻為自己的性角色而發愁，他們就特別需要和大人談談此事。

無論怎麼解釋，孩子對性的問題還是有許多想法、感覺和幻想，但只要他們不會害怕到無法自拔就好了。

孩子可能會公開羨慕異性的孩子，或者表現出一種鄙視的神情，以掩蓋自己的羨慕。他們也許會羨慕大人的性生活，但又不知道自己是否能幸運地找到一個親愛的伴侶。假如孩子看過電視上所播放有關性暴力的節目（尤其所謂的「成人電影」）的話，那他們可能會因此被嚇到。或者，他們會對一些基本的「生活實情」感到困惑。如果他們能自在、不拘束地跟父母談談，那麼就會感到無比的輕鬆。

女孩在九歲時一般不會有月經。然而，有相當一部分女生在小學時就開始來月經了。其他不懂事的孩子可能會對此編出一些謠言和荒誕的故事來。對女孩子來說，瞭解月經是很重要的，而男孩子也應該瞭解。也有一些父母聽到今日到處在談論兒童性騷擾，心裡感到不知所措，幾乎不敢對自己的孩子表示任何肢體上的關愛。這無疑是一種遺憾。多數情況下，一般的

愛撫和騷擾顯然是不同的，不過，孩子想要什麼，他們常常會表現出來的。倘若你的九歲孩子把你推向一邊，或拒絕接受親吻擁抱，那就隨他吧！但如果是突然發生了變化，那就要好好想想，找出其中的原因。

當孩子問起來或看來有必要讓他們知道的時候，父母就應該和他們談談性，但雙方都不要太追根究底。父母並不需要回答所有有關私生活的問題，不要被自己的九歲孩子和他朋友的談話所唬倒，縱然他們談起來似乎很機智老成。其實在內心深處，他們很脆弱，也不大能瞭解自己。有這麼一個男孩，常喜歡說「男人和女人的避孕器」，令他的父母驚恐萬分，他卻還樂此不疲。有一次他突然問母親：「到底要怎樣才能讓一個女孩子嫁給我呢?」

第三章

學校裡的九歲孩子

孩子上學有二種目的——第一是學習各種學術性科目和其他技能，瞭解社會關係。第二種目的沒有列在課表上，但或隱或現地，無不發生在和其他孩子相處、與相關的成年教師在一起以及遵守各種校規的時候。九歲孩子——跟其他年齡的孩子一樣——如果在學校裡或家裡生活得很愉快，也沒有過多的憂慮或緊張，那麼他們可以學到更多的東西，同時還會全力以赴。

在校上課

能期望九歲的孩子學點什麼，或達成些什麼呢？多數情況下，孩子要不斷地提升基礎技能，拓寬各科的知識面，包括歷史、地理、科學，可能還有一門外語。九歲的孩子在掌握基本技能方面有很大的不同：一

些人閱讀自如，寫作很好，拼寫不錯，數學也很擅長；
另一些人則剛剛會識字，只能慢慢地理解閱讀的內容；
但也有一些人根本還不能閱讀，這些孩子就需要特殊
的幫助。大人不應該忽視孩子的閱讀能力，因為閱讀
不行，就很難在其他科目上取得進步。孩子不會閱讀
的時間越長，就越覺得自己學不好，因而也會對其他
科目失去信心。有時，在某一方面取得成功，孩子就
會增強信心。但大部分學校還是意識到了基礎技能的

重要性，在必要時，希望對孩子提供特殊幫助。

父母對孩子的學習能提供多大幫助，對此各個學校看法不一。無論孩子學習有沒有困難，最好是老師和家長能夠互相合作。一些學校還召開特別會議，指導家長採取新方法解決數學和其他科目中出現的問題，這樣他們至少可以知道自己的孩子正在做些什麼。家長希望學校為九歲孩子提供各種機會，如學習音樂、戲劇、舞蹈、素描、繪畫、塑像以及各種體育活動，包括游泳和遊戲。現在，許多小學都在指導學生怎樣使用電腦。

在英國公立學校讀書的九歲孩子大部分已是小學中年級學生，還有兩年就可進入不同的中學學習。多數孩子對此比較注意，通常都知道自己打算進哪所中學。有時在農村地區可能就沒有什麼選擇的餘地，但一般來說，還是有幾所學校可供選擇的，不過這些學

校一定各有優缺點。父母和九歲孩子在談論將來的學校教育時，如果雙方都能直抒己見，討論一下不同學校的各種方面，那麼孩子心理的壓力和憂慮就會少一些。小學也可能提出一些它們的選擇意見。

私立學校的情況就不一樣了。如果九歲男孩子的目標是能在十三歲時進公立中學，那麼準備參加入學考試的工作就要開始了。至於私立小學的女孩子，轉校的年齡在十一歲（她們的情形和公立學校的孩子一樣），可望在十一歲時參加入學考試。

在英國，多數九歲孩子都知道有不同的教育體系。他們常對自己沒去讀的學校嗤之以鼻，很是自命不凡。對不同類型學校的謠傳很多，加上父母的偏見常常會使孩子的想像更豐富。私立學校的孩子有時認為，似乎所有公立學校的孩子都是粗魯、恐怖、無知和沒有教養的小笨蛋。他們可能（往往是在私下裡）羨慕公

立學校的學生學習負擔輕。同樣地，公立學校的孩子
則說私立學校的學生奢侈、勢利、滿身銅臭——還有
很可惡。即使九歲孩子愛誇張和編造故事，但有些是
真正的偏見，這些偏見妨礙了孩子以後彼此的瞭解和
合作。

學習社交技能

學校的第二個主要任務就是幫助孩子社會化，瞭
解別人，學習社交技能。除了家庭，學校是孩子瞭解
社會關係最重要的地方。在學校裡，你的孩子有許多
不同的社會關係，特別重要的是和同學及班上老師的
關係。

九歲孩子的父母，像其他年齡孩子的父母一樣，

要瞭解孩子在學校裡的情形，而且還要讓孩子知道父母是關心他們的，但不要太過分。你可以很容易地從學校那裡瞭解孩子的情況（如果你去學校接孩子的話），你也可以在家裡觀察到孩子是否滿意、厭煩或苦惱。九歲孩子心煩意亂的原因很多，也許他們覺得老師不公平，也許作業太難，也許和其他孩子合不來。所以要鼓勵你的孩子告訴你出了什麼事，然後一起討論如何處理。如果孩子知道自己的父母和老師正一起合作，他們就會覺得很放心，這猶如小孩子看到爸爸、媽媽在一起時就會有一種寬慰感一樣。

不幸的是，當需要去學校討論問題時，一些父母的反應就像九歲孩子一樣。他們對自己小時候在學校裡的記憶會使自己覺得又變成了小孩——在那些令人敬畏的大人面前感到無助。他們可能記得這些過往的情緒，並在學校裡表現得放肆無禮，沒有一點大人的

樣子，簡直就像是一個怒氣沖沖的小孩，想以此來克服那種軟弱無助的感情。現在，大部分學校的校長和其他教職員都願意和家長合作，而不想去恐嚇家長或他們的孩子。

如何處理欺侮行為

要是你的孩子鼓足勇氣跟你談一些事，但說這是秘密，叫你不要告訴老師，這時可能就有問題。偶爾，你也許覺得這些老師不用知道如友誼之類的事情。但有時，像在以下所舉的例子中，你就不能聽任不管。

九歲的孩子海麗特(Harriet)告訴母親說，在學校裡她已被人欺負了一年。她母親曾經注意到海麗特在學校很不開心，因為她常抱怨頭痛或肚子痛，不想去

上學。她母親試著鼓勵她去，可是最後總是弄到海麗特哭了起來而讓她待在家裡。海麗特的母親也想過要到學校去問個究竟，可又覺得沒什麼可說。海麗特告訴她母親的秘密是：一個女孩帶領班上其他孩子一起欺負她——主要是叫她的綽號。她母親很納悶，為什麼海麗特以前從未提起過。問及此事時，海麗特猶豫著不敢回答。她母親又問她：是不是怕媽媽聽到這種不愉快的事會傷心呢？這也許是一個孩子為什麼不想向父母吐露實情的原因。但海麗特堅持說事情不是這樣的。她低聲說那個領頭的女孩威脅過她，要是告訴別人，她就慘了。講完後，海麗特覺得特別輕鬆，也舒服多了。她母親讚揚她講了實話，但解釋說，她也沒有什麼辦法，除非讓老師知道此事。這時，海麗特很爽快地同意母親可以告訴老師。而老師從未曾注意到有這類欺侮的事，根本沒有孩子或家長反映過。現

在老師採取了一些措施，和主要的欺侮者及全班同學進行了一次嚴肅的談話。另外，海麗特被告知，如果她還擔心的話，可以去找一位特別的輔導老師談心。麻煩沒有馬上消除，可是情況卻大為好轉，海麗特高興極了，從此，很少再有不上學的情況。

現在，被欺侮的孩子常常會到學校或甚至當地的兒童指導診所尋求幫助。然而，欺侮者也常需要幫助。和大人一樣，並不是每個孩子都喜歡彼此，不過，這並不意味著他就可以捉弄別的孩子。

老師也可能會特別喜歡某些孩子，因為他們能在班上與這些孩子有較多聯繫。大多數老師盡量做到不偏不倚。讓孩子認為他們的老師是公平的這點很重要。然而，孩子應該學會知道：生活並不總是公平的。孩子通常會注意到，例如，一個老師是否比較喜歡女孩子，她是否改變主意，是否失去信心，或是否不喜歡

另一位老師。孩子對老師的態度也是不同的，一些孩
子很愛他們的老師，而且這樣的情形會盡量不讓別的
同學知道；有些孩子則對他們的老師十分認同，並會
有意或無意地模仿其言論和性格。多數孩子特別喜歡
一個老師的優良特質。假如你的孩子得換到另一個班
級，因而也換了個老師的話，那對他來說可能會是一
次真正的打擊。不過，儘管這是非常遺憾的事，大部
分孩子對此都能應付得當。然而，對一個在生活中已
失去很多的孩子來說，失去好的老師可能是非常痛苦
的，他因此可能會憎恨新的老師。

　　在許多場合，無論在正式的母姐會上，還是偶然
碰到的時候，家長和老師合作得很好。事實上，談論
著那些幸福、努力學習的孩子，構想著孩子可以取得
多大的進步，那必定是很愉快的。許多孩子愛上學，在
學習上和社交上都能吸取很多好的經驗。老師要解決

的一個困難就是有些孩子對上課的東西完全不感興趣。這種孩子的課外興趣也許很廣泛，可是老師卻很難讓他對學校裡的課程產生興趣。有時對那些很有天賦的孩子來說，情況可能就簡單一些。只要有一位能幹的老師多給這些孩子一點時間，一點關心，交待一些特殊的作業，那麼他們肯定會對課程感興趣的。倘若情況不明顯，則要找出原因，是不是孩子有情感上的障礙，或家裡有了麻煩，因為這些都會使孩子對學校提不起興趣或上課精神不集中。

　　九歲的孩子很清楚自己在學校這個大環境裡的定位，大部分九歲的孩子都知道如何去適應這個環境，而且還會跟別的孩子比較。如果想像自己跟其他孩子不同的話，多數孩子就會侷促不安。生理上有任何微小的特點在他們眼裡都會擴大起來。雖然孩子很關心也願意幫助那些有殘疾的人，但他們也會變得很不仁慈，

甚至很殘忍。像「四眼田雞」、「招風耳」之類或更糟的辱罵經常可以在學校的操場上聽到，甚至還有種族歧視性的侮辱。在這種情形下，老師和家長要一起合作以培養孩子樂於助人的品德。

學校恐懼症

孩子在學校裡生活得不愉快的話，就會導致學校

恐懼症，也就是十分害怕上學。這現象一般很容易和

逃學區分。因為恐懼上學的孩子可能沒有犯什麼錯，他

們想上學，但又覺得不可能。孩子害怕上學的原因，有時是無法解釋的。這時，就要請專家來幫助他們，儘管有時家長和老師可以一起幫助他們返回學校。

學校恐懼症主要有兩大類的原因。第一，是與害怕學校裡的某些事情有關。可能是怕其他的孩子、怕老師、怕作業或怕學校裡某種活動，諸如體育活動或必須參加的學校集會。第二，則與家裡所發生的事有關：如父母是否經常爭吵？家裡是否有很重的精神負擔？父親或母親是否生病或性情抑鬱？

九歲的孩子不會無緣無故突然患上學校恐懼症的。對大人來說，孩子害怕上學的原因似乎是微不足道或荒唐的，所以他們不太去理會它。但往往如果孩子害怕上學的程度到了我們稱之為「恐懼」的程度，那麼這種情況可能由來已久了。調查常顯示，那些後來患有學校恐懼症的孩子一開始上學就已經是很勉強

的。

有時，孩子怕上學的原因解釋起來很簡單，也較容易採取對策，但父母一般性的鼓勵卻常常是不夠的。

九歲的喬治(George)不願上學，要是千方百計要他回學校的話，他就會痛苦萬分。各種各樣常用的方法都已試過，就是不能奏效。所以，喬治的母親帶他到當地的兒童指導診所。其中一位工作人員想讓喬治跟他上學去。起初，這似乎管用，可是等到喬治看到眼前的學校時，他就變得很驚恐。不久，這種嘗試只得放棄。後來，每當社工人員與喬治的父母會面時，就由一位兒童心理治療醫生診視喬治。接著，又作了幾次家庭訪問。原來，讓喬治上學一直是件很困難的事。喬治小時候他母親帶他去托兒所時，他就會哭個不停，所以很快也就不再去了。喬治開始上學後，就常患感冒，並且常常會找出小小的藉口，硬是要待在家裡。他

的父母也從未堅持要他去上學。而且，他每停一次學，就更難再讓他回校了。特別是最近，他父親出了點小車禍，他母親很著急，同時，他的大哥也失去工作，再加上喬治心愛的狗狗也死了。這一切，使得這個家庭陷入一片淒涼、痛苦的境地。但喬治學校裡的校長一點也不同情他，還認為他的父母太軟弱無能，認為他們對喬治的態度應當強硬一點。校長對他們說：「好好地教訓他一頓，然後把他送回來。」

　　起初，在診所裡喬治很不舒服，對這位兒童心理治療醫生十分戒備。他的母親硬把他帶到診所裡來，還告訴他，如果不去，她就要把他送走。可是得知這位心理治療醫生並不想讓他回校，他就輕鬆了許多。一星期後喬治再次來到診所，見到這位心理治療醫生時很高興，而且還願意跟他聊。其實，喬治怕上學，是因為他很擔心他的家人，他不喜歡獨自一人離家上學，

卻把他們留在家裡。更深一層的原因，就是喬治有一種幻想，以為他放學回家後會看不到他的父母和大哥。還有一種潛在的恐懼是，怕他們會都死掉。會這樣想的小部分原因是他有一種要懲罰他們的念頭，因為他們總是設法迫使他去上學。經過幾個月的心理治療，喬治更加清楚自己的情感，同時也明白離開家人去上學究竟意味著什麼。他也能夠把對父母合理的關心和荒謬的恐懼區別開來。最後，當喬治覺得能夠再次面對學校的時候，他的父母決定讓他換一所學校，並找了一個富有同情心的導師。不久，喬治就穩定下來上學了。要是喬治當初早點知道他的恐懼和幻想原來只是害怕離開他的家人、而不是怕上學，那不是很好嗎？

九歲的孩子正在發展各種技能，但各人發展的速度並不一定要相同。不用大人過多地督促，孩子在這方面的競爭性就已夠強了。他們除了比作業，還比體

能，諸如體育、特殊技能，而且還比誰擁有的東西多
（包括體育器材，電動遊戲和衣服）。這在學校裡是一
個問題，學校方面一般都很清楚。一些學校為克服這
種比較的現象，就規定學生穿統一的制服，不許他們
帶貴重的玩具到校，藉此防止孩子因為羨慕和妒嫉而
產生偷竊行為。

　　學校生活應該是愉快的，但九歲的孩子也可能會
發現它是蠻累人的。一個孩子在學校裡待一天，就等
於大人工作一天。如果九歲孩子放學回家後，有時什
麼也不做，只想到處閒玩，只要不是經常這樣，那麼
他們這樣做是情有可原的。

　　在英國，大部分孩子就讀的學校是不分男女、貧
富、種族和宗教信仰的。這是教育很重要的一環，即
學會和其他兒童相處以及更加地瞭解彼此。

第四章

九歲孩子與他的
朋友、同齡夥伴

朋友是重要的

　　對九歲孩子來說，同齡夥伴是很重要的。同齡夥伴是指一個相同年齡的群體，不完全等於一群朋友。許多孩子似乎同時生活在兩個世界裡，和他們的朋友及同齡夥伴相處是一個世界，和家人生活則是另一個世界。這兩個世界或許協調得很好，沒有摩擦，但或許也會互相對立。絕大部分的九歲孩子是需要朋友的。孩子和他們的朋友如果做一些大人不喜歡的事情，那麼他們就被大人看作是「一伙的」，反之，如果他們的行為得到了大人的認可，則他們就會被當作是「一個團體」。朋友們有共同的興趣，即使其中有些興趣似乎是

大人不喜歡的。就算這些興趣和活動並不違法，但可能大人看起來會覺得是愚蠢、浪費時間、沒有創造性、對孩子的成長沒什麼好處的。九歲孩子喜歡的活動，包括玩不完的足球比賽（多數是男孩子）、不停地打電動遊戲或看好笑的卡通影片（女孩和男孩）。

孩子常用「無聊」這個詞，但大人認為無聊的活動，孩子自己卻不這麼認為，反之亦然。九歲的孩子常常討厭參加家庭聚會，只有在大人的「威脅利誘」下，才會勉強去。

孩子喜歡和朋友一起參加社交活動。多數九歲孩子老喜歡到別的孩子家串門子。拜訪朋友對於拓展他們的世界是必要的，尤其是如果朋友來自不同的社會、經濟或文化背景的家庭。倘若父母限制自己的孩子，只准他們到與自己背景相同的朋友家去玩，那未免太遺憾了。當然，還是要小心，雙方父母要保持聯繫，也

不要完全讓孩子自行其事。不過所有這一切要做得巧妙一點。如果你想邀請另一個孩子來玩，而你的孩子不同意，即使他不說出來，也肯定是有原因的，可能這兩個孩子彼此合不來。孩子擇友的原因有很多，不同性格的孩子或不同家庭背景的孩子之間也可能會產生友誼。

跨種族的友誼

下面一則例子講的就是跨種族的友誼。九歲的塔爾吉特(Tarjit)的父母是印度人，艾妮塔(Anita)是威爾斯人。從艾妮塔在學期初轉到塔爾吉特所讀的學校起，兩人就一直很要好。

塔爾吉特已經去過艾妮塔家兩次而艾妮塔的父母

十分歡迎她。兩個女孩子經常在一起愉快的遊戲說笑。

事實上，由於塔爾吉特的父母幾乎只跟其他的印度人

來往，因此她很少有機會到一個白人女孩的家裡作客。

現在，她很想要邀請艾妮塔也到她家裡來，艾妮塔也

早就表示樂意之至。可是，塔爾吉特反而害怕了起來，

是什麼使得她這時竟躊躇不前呢？她並非害怕被拒絕

因艾妮塔已清楚表示接受她的邀請。也不是擔心艾妮

塔的父母會不答應，因為他們對塔爾吉特的來訪非常

歡迎而且似乎很贊成她們的交往。當然，更不是塔爾吉特的父母不喜歡她有非印度人的朋友。

原來，塔爾吉特以前曾經帶一個白人女孩到家裡來，結果那女孩竟嘲笑她們印度式的裝潢、擺飾和食物。塔爾吉特非常珍惜與艾妮塔之間的友誼，所以不願意再冒同樣的風險。後來經由她母親細心詢問之下，塔爾吉特才說出內心裡的恐懼。她母親勸她試試看，並強調說如果艾妮塔嘲笑他們家，那麼也就不值得再跟她做朋友，況且，她覺得不會發生這種事的。終於，塔爾吉特鼓起勇氣，發出了邀請。艾妮塔很高興，第二週就來了。一切都很順利。艾妮塔對他們家有些裝飾很感興趣，也對塔爾吉特收集的許多玩具娃娃愛不釋手，而且還說她和父母曾去當地的一家印度餐廳吃飯，那裡的飯菜和塔爾吉特家裡的很像。兩個小女孩又說又笑，比在學校裡親密多了。而且艾妮塔很感動，因

為塔爾吉特很喜歡她。

有時，比起待在自己家裡，孩子寧願待在朋友家，這時做父母的可能非常光火。當然，孩子不喜歡自己的家，通常是有合理的原因的。現實有時是無情的，孩子會幻想和希望自己真的屬於朋友家裡的一分子。這可能是羨慕朋友擁有的東西或者他的家庭。其實，那些非常羨慕別人家的孩子心裡總是不好受，因為他們從不滿足於自己所擁有的。

孩子也許並不清楚自己究竟為什麼喜歡某些孩子，而不願和其他孩子交朋友。父母和孩子在擇友問題上意見很不一致時，父母越是強調這些朋友不合適，孩子就會越喜歡他們。如果父母有充分的理由，應加以解釋。不過，孩子往往對朋友是非常「死忠」的。如果兩個朋友個性迥異的話，有時可能會有助於雙方在性格上的互補，還可互通有無。

討厭的朋友

不管怎樣，有時一個孩子的確交上一個或一群「討厭的」朋友。父母總以為自己的孩子會受到其他孩子的壞影響而從不反過來想。有時，真的是兩個孩子在一起會比單獨一個人更頑皮。這就需要父母出面干涉。要是看到一些孩子——甚至是九歲的孩子——正在搗蛋，無論是鄰居、老師、社會工作者還是警察，都必須出來阻止。孩子不會總是憎恨父母干預他們的事，有時可能甚至會歡迎。

例如馬丁(Martin)有一伙「朋友」，都是一些貪玩的男孩，而且最近越來越無法無天了。他們的年齡在

九至十二歲之間，馬丁是最小的一個。他們曾闖進當地私人園地裡的一間小木屋，還到一些空房子附近的兩個花園裡偵察了一遍。此刻，他們正談論著不久要進入的那些房子，看看有什麼東西值得拿。

這些孩子的活動不外乎：到糖果店裡偷東西、在小木屋內抽菸和玩起有關性方面的禁忌遊戲等等。馬丁很快地就對這些事感到不舒服而且再也不能跟他「這一伙」相處得很融洽。不過縱使馬丁不喜歡他們的所作所為，還是覺得要講義氣。之後，馬丁的父母開始發現他好像對某事感到不自在。雖然馬丁總是在逃避回答問題，但他的父母仍然瞭解是那群朋友使他不快樂，甚至恐懼。另外，他們縱然對細節一無所知，也明白馬丁在家庭與朋友之間必須取得平衡的重要性。所以，馬丁的父母與他將這問題談開，表示願意全力幫助他，因此馬丁也把一切來龍去脈說清楚並表

示想要脫離那群人。他的父母憶起自己在馬丁這年紀時與朋友相處的感覺，十分能體會孩子的心情。因此他們想到了一個解決問題的方法——就是即日起，放學後或到了週末，一律禁止他外出遊玩。馬丁欣然同意，因為這正如他所願。他早就知道（雖未明說），這伙人所做的事太暴力、太惡毒、太可恥了，他對此很厭惡，並感到害怕。他很欣慰聽從了父母的話，可是仍然有點心煩意亂，怕被這伙人看作是一個「娘娘腔」。然而，他還是樂意接受父母的支持和干預。當馬丁跟以前的朋友說，父母再也不讓他出去玩了，那麼他可能會很丟臉，但也沒有什麼更好的選擇，只能如此。像其他許多孩子一樣，馬丁很不願意向父母和老師「打小報告」，因此，他的父母用其他的方法幫助他說出詳情。明白真相後，他們準備對此採取更進一步的行動，可是沒有馬丁的幫助是不行的，只好暫時緩緩再說。同

時，他們盡量讓馬丁在放學後或週末有別的事可以做。

如何與人共事

在下面的例子中，這些孩子可以被稱作「團體」
而不是「一伙」。珍(Jane)和她的朋友——其他四個同
齡女孩，很想拯救瀕臨絕種的鯨魚。珍，像別的九歲

孩子一樣，很喜愛動物。她很快成了這群孩子的領導者。她的精力旺盛、點子多、說話振振有詞，但也能聽從別人的意見。她的性情溫和，待人和藹，因此很受大家喜歡。這五個女孩決定建立一個俱樂部，叫「威斯特萊克拯救鯨魚協會」，因為她們住在威斯特萊克(Westlake)。然後，她們就集會地點、俱樂部章程細則、成員以及誰當會長等問題，進行了長時間的討論。誰都沒說應該推舉珍當會長，但經過激烈討論後，珍當選了。接著，她們決定在其中一個女孩住的公寓區裡的一間小棚屋開會。在那裡，她們花了很長時間寫細則、製作徽章和計劃將來的行動。她們也對俱樂部該不該公開一事意見不一。雖然，地下活動很誘人，但她們還是決定公開活動，因為這對她們的計劃將會更有幫助。最後，在俱樂部成立一個月後，她們就以實際行動去拯救鯨魚。她們訂的計劃並不愚蠢，準備寫

信給英國政府和世界其他國家的一些領袖，強烈要求他們不要獵殺鯨魚。她們真的給首相寫了信，並高興地收到了回信。可是，後來珍卻對其他事更感興趣，結果她和俱樂部裡「最好的朋友」吵了一架，俱樂部就解散了。

上面這則故事有幾點很有趣。首先，是對動物真誠的愛。對動物施愛比對弟妹施愛要容易得多，不過這是一種真正的利他主義情懷；其次，九歲孩子共事的能力正慢慢提高；第三，孩子越來越能理解彼此的優缺點。大家可以看到，只有在珍出色的組織才能勝過其他女孩原有的羨慕和妒嫉心理時，她才被選為會長。而另一位女孩因為字跡最美，就讓她做抄寫工作。知道往哪兒寄信，也是她們對世界有了更多瞭解的表現。興趣的忽冷忽熱、友誼重要性的消失、友誼的破裂，這種現象在這種年齡是司空見慣的。女孩子一直

在模仿大人的行為舉止（包括電視上的），雖然她們自己沒有意識到這一點。這群孩子的父母贊成她們成立俱樂部，只是認為這樣做太浪費時間了。但不管怎樣，這些女孩子還是學到了許多東西，包括如何與別人共事、如何理解別人和組織的工作。不過，有一件事她們還沒學會，就是如何與男孩子分享這一切。

瞭解人際關係

和在其他年齡時一樣，「最好的朋友」對男孩和女孩來說都是非常重要的。一個九歲的孩子同時可以有幾個「最好的朋友」，可是當第三者破壞了原來的友誼，那麼就會只剩下一個「最好的朋友」。如果你詢問九歲孩子她的朋友，她常常會滔滔不絕地對你說：「曼

蒂(Mandy)曾是我最好的朋友，可是後來和蘇西 (Susie)一起玩，我就很苦惱。後來蘇西說想要我做她 最好的朋友，我就說『好』，然後，曼蒂就很不高興了 ……」這種交叉的關係似乎永無止境，大人可能對此 不以為然，但孩子卻因此心情跟著起起伏伏。人際關 係中參雜了很多情感的成分，即使友誼不再繼續，也 不應加以嘲笑。孩子的這些友誼可以維持許多年，甚 至一直沿續到成年。但即使友誼很短暫，孩子仍可以

經驗到嫉妒、憎恨、羨慕和悲哀的滋味，並且能體會到人世間的溫暖、友情、幽默和共同的興趣。

透過同儕互動關係,孩子可以瞭解到人際關係、個性差異以及不同的家庭是怎麼生活的。另外，九歲孩子也漸漸懂得許多道德上的問題,包括忠誠的力量,以及對別人及其缺點的容忍。但事情不會總是很順利的。當事情變糟時，偏見（包括那些對少數民族的偏見）就會明顯地表現出來。

例如，九歲的羅比(Robbie) 剛剛換了他「最好的朋友」。他不再和吉米(Jimmy)玩，而和阿姆特(Ahmed)一起玩。他倆對集郵都特別感興趣，經常比較和交換郵票，動輒數小時地談論郵票。吉米和班上的一些其他孩子在操場上就叫阿姆特「巴基仔」(對巴基斯坦人的輕蔑用法)，並用各種帶有種族歧視的方式侮辱他。阿姆特很難過，但羅比支持他，這使他稍感安慰。羅

比本來也不知所措，經過一番考慮後，他決定告訴他的父母。他們認為羅比這樣做很對，而且他們答應去跟老師講。其實，這位男老師也注意到班上發生的事情不妙，已經跟校長談及此事。他們決定由校長對全校講話，而老師也跟班上的學生談談。他並沒有提到羅比、阿姆特或吉米的名字，只是講明不同種族孩子的異同點。他指出，因為膚色或其他什麼不同，就攻擊別人是很不對也是很愚蠢的。老師講得十分有道理，因此也很有效果。此後，班上不再有欺侮別人的現象了，而且「容忍和理解他人」也成了學生課餘時最流行的話題。羅比和阿姆特很高興，儘管阿姆特有時還是小心戒備。而吉米仍然很不開心，還是不理會羅比和阿姆特，不過再也不欺侮他們了。最後，吉米找到了別的朋友，班級的緊張氣氛就隨之淡化。

那種較有安全感的孩子，在和同齡夥伴一起時一

般也是較為安心的，這使得他能夠深受大家的喜歡。但另外還有其他重要因素，諸如這群孩子的習性如何，以及這個孩子想要多受歡迎。一些孩子可能因為和父母作對而名氣大增，這種情形比較複雜，或許，他們在家裡不受管束，才會和父母如此對抗。在其他情況下，這種反抗性會更為持久也更為強烈。當然，有些孩子並不喜歡出風頭，還有的根本不在乎出不出名。

父母有時對自己孩子的擇友情況瞭解甚少，有時則看不慣孩子的所作所為。大人可能更容易發現同齡夥伴的缺點而非優點。但孩子常常是互相幫助，互相安慰，玩得也挺開心。一般來說，孩子怕「無聊」，而他們認為朋友能讓自己不再覺得無聊。下面的例子說的就是，懂得友誼是孩子在成長過程中很重要的一步。

史蒂芬(Steven)有了一臺新的立體音響，感到非常高興。他住在市中心的一個地區，那地方治安很亂。但

他卻自以為有「巧妙適應城市生活的能力」，儘管他才九歲。一天，他和朋友吉瑞德(Gerald)在他家公寓裡玩這臺音響，這時，他建議把它帶到當地的一座公園去玩。這兩個孩子都知道，把音響帶到公園去是不智之舉，但他倆還是相互慫恿。結果，在公園裡的一個僻靜處，他們遭到兩個大男孩的攻擊。這兩個大男孩並未真正傷害他們，只是偷了音響就跑了。史蒂芬曾拼命地要跟他們對抗，可是吉瑞德卻很快跑掉了。當那兩個襲擊者走掉後，他才回來。他們一起到警察局報了案，兩人都很難過。警察說他們也無能為力。這時，史蒂芬對吉瑞德的臨陣脫逃感到很生氣，但吉瑞德卻憤憤地說，他是去叫人幫忙。其實，當他看到那兩個男孩跑開了，就馬上回來。這件事說明了吉瑞德在說謊，也許他自己對此也是半信半疑。這樣，他們的友誼當然是結束了。史蒂芬可能永遠不會原諒吉瑞德那

種膽小怕事、對朋友不忠的行為，而且還一直跟他母親重複說，吉瑞德不懂得什麼是友誼。或許，史蒂芬也不能理解友誼的含意，因為友誼還包括容忍朋友的缺點。故事並未結束。吉瑞德很生史蒂芬的氣，或許也在生自己的氣，結果他在學校裡重新編了故事，說當時是史蒂芬逃走，而他留下來和壞孩子搏鬥。不用說，這對彌補友誼是無濟於事的。那麼，為什麼史蒂芬要把音響帶到公園去呢？其實，一部分原因是，史蒂芬希望表現得自己很強壯，也很勇敢，因為他喜歡自己這樣的形象，也想在吉瑞德面前炫耀一番。

第二個例子是潘蜜拉(Pamela)。她和艾琳(Irene)成為「最好的朋友」已一年多了。後來，學校新來了個女孩，名叫夏沙(Sasha)。在這個小學中，這不是常有的事。夏沙生性活潑、開朗，很快就適應了新的學習和生活環境。不久，夏沙就開始和潘蜜拉、艾琳一起

玩。起先，三個人處得相當不錯。潘蜜拉和艾琳喜歡告訴夏沙學校裡的一些規章制度和習俗慣例（有時還加油添醋），還有關於其他許多孩子及老師的閒言閒語、小道消息。可是不知不覺地，夏沙開始比較喜歡艾琳。很快，潘蜜拉在三個人中就覺得自己像個局外人。潘蜜拉和她祖父母住在一塊，她就把這一切告訴了祖母，不過，她祖母卻沒有瞭解到這事對潘蜜拉的重要性，她只對潘蜜拉說了句：「那太糟糕了」，並說她肯定會找到新朋友的。祖母還補充道：潘蜜拉與那兩個女孩應該能夠玩得很愉快。她祖母並未考慮：三人之間的關係往往是很難保持下去的。潘蜜拉，自從在一次事故中失去雙親後，發現自己很難再承受其他的打擊。在潘蜜拉看來，學校裡的生活已變得越來越不愉快，就像前面故事中的史蒂芬，她也開始思考起友誼的含意了。她痛苦地認為每個人都令她失望，包

括不瞭解她的祖母以及死去的父母。沒過多久，夏沙轉而又交上了新朋友——可能是常常搬家的緣故，她很難長時間維持一段友誼。現在剩下艾琳獨自一人，她又想試著和潘蜜拉重新和好。但同時，潘蜜拉已重新振作起來，因為她的祖父發覺她很難過後，就常常與她談心，談談友誼和其他的話題。這種溫暖的關懷幫助潘蜜拉在學校裡又找到了新朋友。這時，她沒有拒絕艾琳，不過兩人不再像以前那樣親密無間了。從這段小插曲中，潘蜜拉學到了一些東西——她對自己有了新的瞭解，同時也懂得與別人建立新關係的可能性。

休閒活動

　　九歲孩子的許多休閒活動，已在前面提到過了。

儘管九歲的孩子有時看起來很認真，有點理想化，但

玩還是他或她生活中的重要部分。玩，對九歲孩子來

說，不僅是娛樂，也是他們瞭解世界的一種方法，雖然這跟學齡前兒童相比，不是很明顯。九歲孩子喜歡的遊戲和娛樂範圍是很廣泛的，不過自然也得看他們所處的環境能提供些什麼條件。有些活動可以說是娛樂，也可以說是正式的學習，如練習游泳或騎車。不能因為有的活動是經過組織的，就說這是工作而非玩樂。一些團體活動諸如幼童軍、女童軍、森林生活的訓練，還有一些類似的組織及活動假日，都可讓孩子從中得到很多樂趣，而且還可學到寶貴的經驗。許多孩子愛冒險、尋奇，喜歡不同的環境以及用露營或度假的生活方式。即使實際危險並不存在，孩子仍會因為掌握了新的技術和碰到了新的挑戰而振奮不已。他們中大多數都喜歡在玩回來後大講特講自己的冒險經歷。現在，有很多為孩子籌備的假日活動，對許多孩子來說，這是個好主意。然而，這些活動可能並不適

合所有的兒童，所以在活動前，事先要和孩子商量。你得判斷，他們是否只需要鼓勵一下，他們是否真的不願獨自一人去度假，或者，他們是否對假日所提供的活動並不感興趣。即使孩子很熱衷於戶外活動，也要切合實際地討論一下相關活動的優缺點。

很多九歲的孩子愛探險，可惜的是，這種機會(尤其在城鎮裡）是越來越少了。具冒險性的計劃對男孩女孩來說都是很迷人的（雖然對男孩來說可能更吸引人)。任何被禁止的或看起來有危險的事，有些孩子都想去嘗試一下。孩子往往有一種天賦，能闖入被人認為不該去的地方，對此大人似乎認為沒有任何東西可以防得了小孩，這可能會導致真正的危險。如果為孩子組織一些活動的話，那麼他們就可以幸運地不闖禍，好好的發揮探險的精神和運用身體的技巧：如爬山、跑步或游泳。

足球仍是運動場上最受歡迎的運動，而女孩現在也經常參加這項活動。她們並不一定想做男孩子，而只是在運動場上，沒有一種類似的遊戲可供女孩子玩。事實上，有時男孩和女孩都會被對方的玩具或遊戲所吸引。今天，男孩可以玩娃娃，只要這些娃娃打扮成「鬥士」或「武士」就行了。而女孩被認為男孩子氣也是可以接受的。在很多人看來，如果你還有那些認為玩具或遊戲有性別之分的想法就是落伍了。

無論在踢足球或玩其他球類遊戲、跳繩或一些流行玩意，對遊戲的規則感興趣是這個年齡孩子的特點，因為他們注意到規則是可以更改的。由於場地的限制而不得不對球類遊戲規則進行調整時，孩子會為如何更改而爭論不休。然而，玩棋類遊戲時，他們卻非常守規矩。所有各種各樣的棋類遊戲，九歲的孩子都很喜歡，像魯多（註1）、蛇梯棋（註2）以及這些遊戲的

各種變化，還有西洋象棋、西洋棋、大富翁、猜字遊
戲和機智問答等。學校裡和街坊鄰里經常會一下子興
起各種遊戲熱。這些遊戲，有些不用花很多錢，像幾
年前流行的呼拉圈；有些很貴，就像目前很熱門的電
腦遊戲。這些已經構成了九歲孩子文化的一部分。

　　一些九歲的孩子不僅只是用電腦玩遊戲，有的愛
用各種不同圖形排列圖案，或利用現成或不現成的「整
套零件」進行縫補、編排或實際操作。孩子也可以從
第一次嘗試自己動手做諸如飛機模型、七巧板或其他
智力玩具中培養興趣愛好。九歲的孩子對很多課餘愛

註1：一種用骰子及籌碼在特製板上玩
　　　的遊戲
註2：一種英國小孩玩的棋類遊戲，棋
　　　盤上標有蛇和梯的圖案，棋子走
　　　到蛇頭一格時，要退至蛇尾一
　　　格；走到梯腳一格時，可進到梯
　　　頂一格，以先抵達終點者為勝

好都會感興趣，而且還會和朋友一起分享。這個年齡的特點就是想收集很多東西。九歲孩子要收集的東西多得數不完，從相當普通的東西如郵票、硬幣、鐵路上的一些機械之類的東西、自製的或買來的模型、漫畫、系列叢書、玩具娃娃、流行偶像或體育明星的照片，到別人沒有收藏過的稀奇古怪的玩意。他們喜歡把收集到的相片或其他圖片放置在剪貼簿裡，而且有時還做得相當不錯。

九歲的女孩子仍然喜歡玩具娃娃，無論男孩或女孩，仍在玩或「用」填充玩具，特別是他們不開心或很苦惱的時候。有時也許連你的九歲孩子或其他人都認為這樣做太「小孩子氣」，可是，這樣做還是有用的，甚至也是必需的。

和其他孩子一起玩的遊戲可能包括一定的程序和節奏。小孩跳繩或計數時所用的節奏，多年來一直流

傳至今，但已失去了原有的涵義。有時，九歲孩子知道怎麼玩文字遊戲，而且也很愛玩。他們愛玩單字、謎語、雙關語、故意曲解單字、變換詩詞和歌曲中的意思和字詞。這些遊戲總會逗孩子們笑得不可扼抑。這種遊戲，雖然不很明顯，但也是兒童學語言的方法之一。換詞和雙關語的玩笑，有時是和身體器官或性有關，但並非都是下流的。在孩子看來，譏笑和侮辱只是開開玩笑而已，不會令人太難堪，即使大人或許不會這樣認為。像在生日宴會上，如果客人唱：「祝你生日快樂，你住在動物園……」，大人可能覺得一點也不精彩，但大多數過生日的孩子似乎並不會太介意。

那些戲劇化的幻想遊戲，仍深受九歲孩子的喜愛。他們扮演警察、強盜和各式各樣的角色，即使換成太空人和外星人，基本的原則同樣適用。也許男孩較女孩更喜歡玩這類遊戲。在此類遊戲中，就像孩子發明

的許多其他遊戲一樣，也有很多讓孩子充分發揮想像

力的空間。

結論

在這本書裡已描述了九歲孩子可能會經歷的許多令人開心或難過、麻煩的事。這些都反映出這個年齡孩子的一些情況，有助於我們多瞭解他們。希望你的九歲孩子在十歲生日之前（踏上兩位數的年齡，孩子常認為很重要），不要遇到太多的困難。從九歲到十歲這一年應該是成長的一年——在身體上、知識上、情感上以及社交上不斷的長進。這一年也會是九歲孩子和他們的父母過得十分快活的一年。

參考資料

☑ *Human Development, an introduction to the psy-chodynamics of growth, maturity and ageing*, Eric Rayner, Allen and Unwin, London 1978

☐ *My Mum Needs Me. Helping Children with Ill or Disabled Parents*, Julia Segal and John Simkins, Penguin Books, Middlesex, 1993

☐ *The People int he Playground*, Peter and Iona Opie, Oxford NUP, 1993

☐ *Narratives of Love and Loss. Studies in Modern*

Children's Fiction, Margaret and Michael Rustin,

Verso, London, 1987

協詢機構

☐中華兒童福利基金會臺北家扶中心

(02)351-6948

臺北市新生南路一段160巷17號

☐臺北市私立天主教附設快樂兒童中心

(02)305-8465, 307-1201

臺北市萬大路387巷15號

☐臺灣世界展望會

(02)585-6300 轉 230~231

臺北市中山北路三段 30號 5F

□財團法人中華民國兒童福利聯盟文教基金會

(02)748-6006

臺北市民生東路五段163-1號3F

□財團法人臺北市友緣社會福利事業基金會

(02)769-3319

臺北市南京東路59巷30弄18號

□財團法人臺北市覺心兒童福利基金會

(02)551-6223, 753-5609

臺北市中山北路二段59巷44弄3號1F

□財團法人臺北市聖道兒童基金會

(02)871-4445

臺北市天母東路6-3號

□臺大醫院精神科兒童心理衛生中心

(02)312-3456 轉2390

臺北市常德街1號

□中華民國兒童保健協會

(02)772-2535

臺北市忠孝東路四段 220號 8F

□中華民國兒童保護協會

(02)775-2255

臺北市延吉街 177號 8F

□中國大陸災胞救濟總會臺北兒童福利中心

(02)761-0025, 768-3736

臺北市虎林街 120巷 270號

□財團法人中國兒童福利社（附設諮詢中心）

(02)314-7300~1

臺北市中正區武昌街一段16巷 5 號

三民書局在網路上
與您見面囉！

從此您再也不必煩惱買書要出門花時間
也不必怕好書總是買不到

有了三民書局網路系統之後
只要在家裡輕輕鬆鬆
就好像到了一個大圖書館

全國藏書最齊全的書店
提供書籍多達十五萬種
現在透過電腦查詢、購書
最新資料舉手可得
讓您在家坐擁書城！

●會員熱烈招募中●

我們的網路位址是http://sanmin.com.tw

做孩子一生的朋友

~親子叢書系列~

—— 父母的成長從瞭解孩子開始 ——

釋放童稚的心靈
開創無限寬廣的
想像國度

■中英對照

伍史利的大日記
─ 哈洛森林的妙生活 I、II ─

Linda Hayward著
本局編輯部　譯

趁著哈洛小森林的動物們正在慶祝
著四季的交替和各種重要的節日時
，讓我們隨著他們的腳步，一同走
進這些活潑的小故事中探險吧！

活潑逗趣的精彩內容
讓您回味兒時的點點滴滴

─ 給大孩子們的最佳獻禮 ─

※中英對照

■100%頑童手記
陸谷孫譯
Wilhelm Busch著

且看頑童又會想出什麼惡作劇的點子？惡作劇的下場將是如何？七個惡作劇故事的連綴，將有您想不到的意外發展……

■非尋常童話
陸谷孫譯
Wilhelm Busch著

由中、英兩種語言寫成流暢的雙行押韻詩，串連起一篇篇鮮活的「非尋常童話」。

—簡明的文字
精美的插圖
最受孩子們歡迎的
故事書—

~救難小福星系列~

Heather S Buchanan著
本局編輯部編譯

① 魯波的超級生日
② 貝索的紅睡襪
③ 妙莉的大逃亡
④ 莫力的大災難
⑤ 史康波的披薩
⑥ 韓莉的感冒

• 三民兒童讀物伴您和孩子度過成長歲月 •

繽紛的童言童語

照亮孩子們的詩心詩情

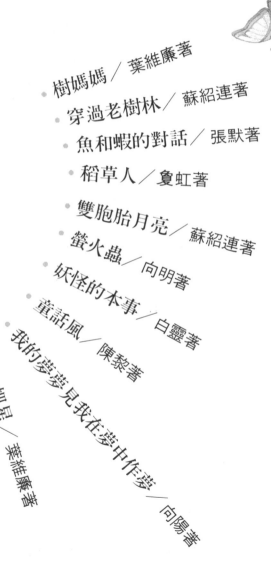

童詩系列～

- 樹媽媽／葉維廉著
- 穿過老樹林／蘇紹連著
- 魚和蝦的對話／張默著
- 稻草人／敻虹著
- 雙胞胎月亮／蘇紹連著
- 螢火蟲／向明著
- 妖怪的本事／白靈著
- 童話風／陳黎著
- 網一把星／葉維廉著
- 我的夢夢見我在夢中作夢／向陽著

● 童詩伴您和孩子度過成長歲月

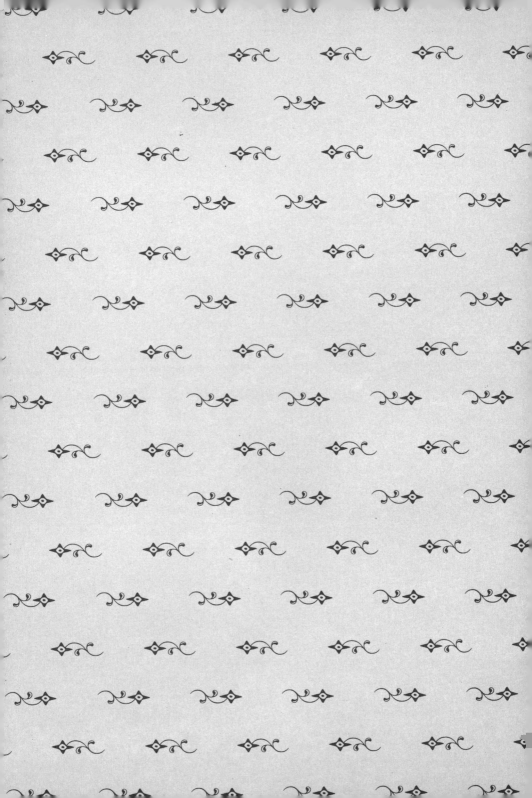